5 Minuten Ponygeschichten
für Leseanfänger

gondolino

ISBN 978-3-8112-3567-0
1. Auflage 2022
© für diese Ausgabe: gondolino GmbH, Bindlach 2022
Umschlagillustration: Heike Wiechmann
Umschlaggestaltung: Vanessa Braun
Printed in the EU

Der Umwelt zuliebe gedruckt auf chlorfrei gebleichtem Papier.

www.gondolino.de

Inhalt

Timmys großer Sprung

„Alles aufsitzen!", ruft Reitlehrerin
Thea. „Wir reiten heute in
den Wald."
Flora schwingt sich in
den Sattel.
„Hast du gehört, Timmy?",
flüstert sie ihrem
Pflegepony zu. „Nicht zum
See. Du hast Glück."

Timmy schnaubt zufrieden.

Letzte Woche war die Reitgruppe
am Wiesenweiher.

Alle Ponys sind geschwommen.
Nur Timmy hat nicht einmal
einen Huf ins Wasser getaucht.
Er ist total wasserscheu.
Dabei würde Flora so gern einmal
mit ihrem Pony schwimmen gehen.

In Zweierreihen trabt
die Gruppe vom Hof.

Neben Flora reitet Leon.
Leon und seine Stute Bille
sind neu im Reitstall.
Auf dem Weg in den Wald läuft
Bille dicht neben Timmy.

Leon kickt mit dem Stiefel
gegen Timmys Bauch.
Timmy schnaubt erschrocken.
„Pass doch auf", sagt Flora zu Leon.
„Ich?", sagt Leon.
„Du reitest doch so dicht auf."

Flora pariert durch und reiht sich
hinter Leon und Bille ein.
Doch kurz darauf
traben die beiden Ponys
wieder eng nebeneinander.

„Timmy schubst!", ruft Leon.
„Bille drängelt!",
gibt Flora zurück.
Die Steigbügel der Kinder
verheddern sich.
„Du kannst einfach nicht reiten",
schnaubt Leon.

Flora runzelt die Stirn.

Der Neue ist eine blöde Nuss.

Neben dem reitet sie nie wieder!

Plötzlich stoppt die Abteilung.

Eine riesige Pfütze versperrt den

Weg.

„Oh nein", denkt Flora.

„Da geht Timmy nie durch."

Timmy schnaubt und scheuert
seinen Kopf an Billes Hals.
„Warum drängelt der so?",
meckert Leon.
Flora seufzt.
„Timmy mag kein Wasser", sagt sie.
„Er badet nie. Leider."

Leon zieht die Augenbrauen hoch.
„Bille schwimmt gern", sagt er.
„Außerdem macht sie immer das,
was ich will."
„So ein Angeber", denkt Flora sauer.
Mit Johlen und Lachen trabt
die Reitgruppe durch die Pfütze.

„Los geht's!", sagt Leon zu Bille.

Die Stute rührt keinen Huf.

Flora kichert.

„Ich denke, Bille macht immer,

was du willst", sagt sie.

Leon treibt und treibt.

Endlich trottet Bille los.

„Jetzt du, Flora!", ruft Thea.

„Timmy mag kein –", beginnt Flora.

Doch weiter kommt sie nicht.

Timmy hebt den Kopf und wiehert.

Wie ein Blitz prescht er durch

die Wasserlache und

quetscht sich neben Bille.

„Lass das, Timmy", meckert Leon.

„Merkt ihr nichts?", sagt Thea
lachend.

„Eure beiden Ponys mögen sich."
Flora reißt die Augen auf.

„Meinst du, Timmy wollte
nicht ohne Bille sein?", fragt sie.

„Und ist deshalb durchs Wasser?"

Flora und Leon schauen
sich an.
Auf einmal prusten beide los.
„Ich habe eine Idee!", ruft Leon.
„Nächstes Mal gehe ich
mit Bille voran ins Wasser."
„Du meinst, Timmy geht hinterher?",
fragt Flora aufgeregt.

„Garantiert", sagt Leon.
„Sie kuscheln ja schon wieder."
Floras Herz hüpft vor Freude.
Bald wird sie mit Timmy schwimmen!
Sie beugt sich zu Leons Pony
und wuschelt seine Stirnfransen.
„Danke", sagt Flora glücklich.

Saras größter Wunsch

Saras Lieblingsplatz ist die Koppel.
Dort steht Gilbert, ein Islandpony
mit sandfarbenem Fell.
Sara könnte jeden Nachmittag
bei Gilbert verbringen.

Aber Saras Mutter will,
dass sie mehr Mathe übt
und öfter auf ihre kleine Schwester
Lena aufpasst.
„Nie bist du da, wenn ich dich
brauche!",
meint Saras Mutter.
Sara ist trotzdem
in jeder freien Minute bei Gilbert.

Eines Tages benimmt sich
Gilbert komisch.
Er steht ganz still auf der Weide
und grast nicht.
Nicht mal der frische Apfel,
den Sara dabei hat,
kann ihn herbeilocken.
Was ist bloß mit Gilbert los?

Frau Reiser, der Gilbert gehört,
will gerade in die Stadt fahren.
„Gilbert geht es nicht gut!",
ruft Sara atemlos.
Sie ist so schnell gerannt,
wie sie konnte.

„Das war höchste Eisenbahn",
sagt der Tierarzt, der zum Glück
gleich kommen konnte.

Er hat Gilbert gründlich untersucht.
„Wenig später wäre es eine
ausgewachsene Kolik geworden."
„Sara hat Gilbert gerettet", sagt Frau
Reiser abends zu Saras Mama.
„Eine Kolik ist sehr schmerzhaft
und kann gefährlich werden."
Saras Mama streicht ihrer Tochter
anerkennend über den Kopf.
„Du warst ja genau da, wo du
gebraucht wurdest!"

„Ich sehe dich
oft hier. Würdest du Gilbert gern
reiten?", fragt Frau Reiser.
Das würde Sara zu gern!
Doch sie weiß auch, dass ihre Mama
das wahrscheinlich nicht erlaubt.
Reitstunden sind teuer.
„Du könntest mir dafür ein bisschen
im Stall helfen", sagt Frau Reiser.

Sara schaut ihre Mama flehend an.
„Bitte, bitte, darf ich?"

Zu Hause malt Mama einen
Wochenplan auf ein Stück Papier.
„Mathe" schreibt sie in zwei Felder,
„Mit Lena spielen" in zwei andere.
In zwei weitere Kästchen schreibt
sie „Stallhilfe" und „Reitstunde".
Sara strahlt: „Perfekter Plan!"

Pferdeliebe

Maike liebt Pferde über alles.
Ihr ganzes Zimmer ist
mit Pferdepostern tapeziert.

Gutschein
für eine
Reitstunde

Zu ihrem siebten Geburtstag
hat sie ihre erste Reitstunde
geschenkt bekommen.
Nun steht sie aufgeregt
mit Reithelm und neuen Stiefeln
in der Reithalle.

Ihre Reitlehrerin
hält Schneewittchen am Zügel.
Doch die Ponystute,
die Maike sich ausgesucht hat,
ist plötzlich so groß!

Soll sie da wirklich hoch?
Maike schüttelt den Kopf.
Sie will lieber
wieder nach Hause.
Vielleicht ist sie
nächstes Jahr mutiger.

Da wird die Tür zur Halle
sanft aufgestoßen.
Ein kleiner Kopf mit Wuschel-
mähne schaut um die Ecke.

„Brutus ist Schneewittchens Fohlen",
sagt die Reitlehrerin.
Ob er sich wohl traut, näher zu
kommen?

Scheu bleibt Brutus stehen
und schnuppert.
Maikes Geruch
kennt er noch nicht.

Die Stute wiehert fröhlich.
Auch Maike versucht,
ganz freundlich auszusehen.
Da kommt das Fohlen
langsam näher.
Es kuschelt sich
an seine Mutter.

Schneewittchen knabbert
zärtlich an Brutus' Ohr.
Sogar Maike
darf Brutus streicheln.

Jetzt ist ihre Angst wie verflogen.
Wenn ein Fohlen so mutig ist,
dann ist Maike das auch!
Mit wackligen Knien schwingt
sie sich in den Sattel.

Von hier oben hat sie
eine tolle Aussicht.

Als Schneewittchen mit Maike
die erste Runde dreht,
läuft Brutus neben ihnen her.
Jetzt ist sich Maike
wieder sicher:
Sie liebt Pferde über alles!

Maries Trick

Heute sind Carlotta und
Marie auf dem Ponyhof
angekommen.

Carlotta war schon oft hier.
Aber für Marie ist alles neu.
Ob die Ponys sie mögen werden?

Schon rennt Carlotta an Marie
vorbei auf die Koppel.
„Sternchen, Flocki, Tara",
ruft sie.
„Kennt ihr mich noch?"

Tatsächlich:
Die drei Ponys
wiehern freudig!

Sie lassen sich von Carlotta
die Nüstern streicheln
und die dichten Mähnen kraulen.
Carlotta lächelt stolz.
Marie steht allein am Gatter.
Keiner beachtet sie.
Carlotta nicht.

Und die Ponys auch nicht.
So hat sich Marie
die Ferien auf dem Ponyhof
nicht vorgestellt!
Aber dann hat Marie eine Idee!

Nach dem Abendbrot schleicht sie
heimlich hinaus zu den Ställen …
Am nächsten Morgen traben
Sternchen, Flocki und Tara
an Carlotta vorbei …
… und drängen sich um Marie.

„Na, das ging aber schnell",
staunt Carlotta.
Auch die Reitlehrerin
wundert sich.
„Verrätst du mir
deinen Trick?", fragt sie.

Aber Marie
zuckt nur mit den
Schultern und versteckt
rasch ihr Gesicht in
Taras Mähne.

Am Nachmittag ziehen Wolken auf.
Carlotta fröstelt.
Sie ruft Marie zu:
„Ich hole unsere Jacken
von oben!"

Marie nickt.
Aber dann erschrickt sie.
Schnell rennt sie Carlotta nach.

Zu spät! Carlotta hat
die vielen Zuckerstücke
in Maries Jacke schon entdeckt.

„Mensch, Marie,
wir dürfen den Ponys
doch keinen Zucker geben!",
sagt sie vorwurfsvoll.

Marie schluckt.

„Ich wollte doch nur,
dass mich Sternchen,
Flocki und Tara gernhaben.
So wie dich!"

„Das kommt von ganz allein –
auch ohne Zucker", sagt Carlotta.

„Du musst
ein bisschen Geduld haben."
Marie nickt.

Und dann gehen sie
zurück zu den Ponys.
Arm in Arm.

Geteilte Freude

Anna und Frida machen Ferien
auf dem Bauernhof.
Zum ersten Mal ohne Eltern!
Die Kühe, Schweine und Schafe
finden sie Klasse,
aber am allertollsten
sind natürlich die Pferde.

Anna und Frida reiten
von morgens bis abends.

Als sie heute heimkommen,
ruft ihnen Bauer Wilhelm
schon entgegen: „Es ist so weit!
Mariettas Fohlen kommt bald!"

Die beiden Mädchen
fangen gleich an zu streiten.
„Das Fohlen soll Sternchen heißen!",
bestimmt Anna.
„Von wegen!", ruft Frida.
„Wir nennen es Muckel!"
Bauer Wilhelm entscheidet.

Jedes Mädchen darf mit ihm
zwei Stunden lang
bei Marietta Wache halten.
Wer bei der Geburt dabei ist,
darf den Namen aussuchen.
Grummelnd willigen
die Freundinnen ein.

Anna übernimmt die erste Wache.
Sie sitzt mit Bauer Wilhelm
vor Mariettas Box.

Still beobachten beide die Stute.
Als Frida nach zwei Stunden
in den Stall kommt,
liegt Anna im Stroh und schläft.

Kichernd setzt sich Frida
neben Anna.
Nach zehn Minuten
ist sie auch eingeschlafen.
Um Mitternacht
werden die Freundinnen
von einem Wiehern geweckt.

Neben Marietta stehen
zwei süße Fohlen!
Bauer Wilhelm schaut
Anna und Frida lachend an.

„Darf ich vorstellen:
Sternchen und Muckel,
Mariettas Zwillinge!"

Was ist los mit Sommerwind?

Sommerwind ist das liebste Pony,
das finden alle auf dem Ponyhof.

Sommerwind versteht sich gut
mit den anderen Ponys,
und die Stallkatze Mia darf sogar
in Sommerwinds Box schlafen.
Nina will ihr Lieblingspony
für den Ausritt holen.

Sie bemerkt gleich, dass Mias Jungen
heute ganz allein im Stroh liegen.
Dabei sind die Kätzchen
noch so klein!

„Wo kann Mia nur sein?", überlegt Nina.
Aber alles Suchen nützt nichts.

Nina sattelt Sommerwind
und führt ihn nach draußen,
wo die anderen schon auf sie warten.

Das Pony wiehert unruhig
und scharrt mit den Hufen.

Reitlehrer Kai wundert sich:
„Was ist denn mit Sommerwind los?
Willst du heute wirklich
auf ihm ausreiten?"

„Na klar!", sagt Nina gleich.
„Er ist doch mein Lieblingspony."

Kaum sitzt Nina im Sattel,
saust Sommerwind auch schon los.
„Wartet doch auf uns!",
hört Nina den Reitlehrer rufen.
„Brrr", befiehlt sie laut,
aber erst am See
bleibt das Pony endlich stehen.
Nina sitzt ab und versucht,
Sommerwind zu beruhigen.

Er wiehert laut
und wirft den Kopf zurück.
Warum ist er nur so aufgeregt?
Dann sieht Nina es auch:
Auf dem See treibt ein Ruderboot –
und darin sitzt die Katze Mia.

Sie schreit ganz jämmerlich!
Nina zieht das Boot an Land.
Nina bringt die zitternde Katze
zurück zu ihren Jungen.

Ganz brav trottet Sommerwind
hinter den beiden her.

„Gut, dass du uns
zum See geführt hast!",
lobt Nina ihren Sommerwind.

Das liebste Pony vom
Ponyhof hat sich seine Extrakarotte
heute wirklich verdient!

Im Reich der Zauberponys

Der Fluss der Diamanten

Die Sonne scheint warm.
Genau auf die Kirsche auf Kiris Stirn.
Das Zauberpony wacht auf.
Kiri streckt die Beine.
Dann lässt sie die Augen über
die Wiese wandern.
Wo sind nur die anderen Zauberponys?
„Goldi, Elli, wo steckt ihr?", ruft Kiri.
„Hier, hinter dem Stamm des Baums."

Die Zauberponys galoppieren zu Kiri.
Goldi hat einen Apfel auf der Stirn.
Elli eine Erdbeere.
Goldi, Elli und Kiri sind Zauberponys.
Sie leben auf einer Wiese mit vielen
Obstbäumen und Erdbeerfeldern.
Die Früchte sind magisch.

Wenn die Zauberponys sie essen,
können sie mit den Früchten
auf ihrer Stirn zaubern.
„Mein Bauch knurrt. Ich könnte Berge
von Kirschen verdrücken!", sagt Kiri.
Dann saust sie schnell wie eine
Sternschnuppe zum nächsten
Kirschbaum. Auf dessen Blättern
schimmern große Tropfen.

Zart wie Seifenblasen sehen sie aus.

Aber der Kirschbaum trägt keine
Kirschen mehr.

„Wo sind alle Kirschen hin?", ruft Kiri.

„Die Erdbeeren und Äpfel sind auch
weg!", wiehert Elli.

„Was in aller Welt machen wir jetzt
nur? Wir brauchen die Früchte.

Sonst können wir bald
nicht mehr zaubern."

„Dann lasst uns schnell den magischen
Regenbogen herbeizaubern! Er weiß
immer einen Weg", meint Goldi.
Sofort stecken die drei Zauberponys
ihre Köpfe zusammen.
Dabei berühren sich die Früchte
auf ihrer Stirn. Sie leuchten auf
wie pures Gold.

„Oh, Erdbeere, Kirsche, Apfel,
vereint sind die drei, Regenbogen,
hilf, komm nun herbei!"
Ein bunter Wirbel aus kleinen
Sternen tanzt über den Köpfen
der Zauberponys.
Plötzlich spannt sich ein breiter
Regenbogen direkt vor ihren Hufen auf.
Die drei Zauberponys
galoppieren auf die
bunten Streifen.

„Seht ihr die hellen Funken
dort vorn?", fragt Elli.
„Was zum goldenen Apfel ist das?",
ruft Goldi.
Kiri schüttelt ihre Mähne und sagt:
„Das werden wir sehen, wenn der
Regenbogen endet!"

Neugierig traben die Zauberponys
weiter den Regenbogen entlang.
Als sie vom Regenbogen
herunterspringen,
liegt ein Fluss vor ihnen.
Er windet sich wie ein silbernes
Band durch die Wiese.

Im Wasser treiben
leuchtende Diamanten.
Helle Sonnenstrahlen tanzen
auf den Steinen.
Die Wellen wirbeln weiße
Perlen in den Himmel.
Funkelnde Tropfen fallen
auf das Fell der Zauberponys.

„Als hätten wir uns im Staub
der Sterne gewälzt", wispert Goldi
entzückt. Die drei Zauberponys
schauen in den Fluss.
Die Wellen werden sanfter.
Bald ist das Wasser glatt
wie ein Spiegel.

Zuerst werden undeutliche
Schatten sichtbar.
Dann sehen die Zauberponys
die Kirschen, Erdbeeren und
Äpfel im Wasser.
„Unsere Früchte!", wiehert Kiri.
Sie angelt nach einer Kirsche
im Wasser.

Ihr Huf macht Wellen.
Die Kirsche verschwindet.
„Da ist keine Kirsche",
sagt Goldi enttäuscht.
„Guckt mal in den Himmel!", ruft Elli.
„Alle Früchte fliegen zwischen
den Wolken! Sie haben sich
im Wasser nur gespiegelt!"

Das Himmelsballett

„Das ist doch der Gipfel!
Ein Dieb hat unsere Früchte in den
Himmel gezaubert", wiehert Elli.
„Die hol ich mir. Das ist wie Würstchen
von der Schnur schnappen."
Sie springt so hoch sie kann
in den Himmel.
Um ein Haar erwischt
sie eine Erdbeere.

Doch die Erdbeeren schweben
zu einem Herz zusammen.
Viel zu hoch für Elli.
Betrübt landet sie auf ihren
vier Hufen.
Dann versucht Goldi, einen Apfel
aus einer Wolke zu pflücken.

Sofort drehen sich alle Äpfel
zu einer goldenen Spirale.
Unerreichbar für Goldi.
Jetzt ist Kiri dran: Sie möchte
die Früchte herunterzaubern.
Doch nur zwei winzige Funken
purzeln aus der Kirsche auf ihrer Stirn.
„Ich kann nicht mehr zaubern", sagt
Kiri und lässt die Ohren hängen.

„Ich bin so hungrig.
Mein Bauch fühlt sich an wie ein
leerer Luftballon", sagt Goldi.
Sehnsüchtig starren die drei
Zauberponys die Früchte
im Himmel an.

Doch was ist das?

Am Himmel ist ein richtiges

Ballett zu sehen.

Die Äpfel drehen eine

Pirouette im Wind.

Die Kirschen und Erdbeeren

kommen dazu.

Sie wiegen sich wie Ballerinas.

Plötzlich schwebt ein weißes
Zauberpony durch den Stern
aus Kirschen.
Es hat goldene Flügel.
In seine Mähne sind zarte
Fäden aus Gold eingeflochten.
Sanft landet es auf der Wiese.

Flügel für alle!

Die Zauberponys trippeln auf das
weiße Zauberpony mit den Flügeln zu.
Sie schnuppern an seinem Fell.
Das fremde Zauberpony riecht nach
Schnee und nach weißer Schokolade.
„He, das kitzelt!", lacht es.
„Ich bin Clara und wohne
in einem Palast in den Wolken",

sagt das weiße Zauberpony
mit den Flügeln.
„Dort tanzen wir mit Blumen und
Edelsteinen. Aber mit Früchten
ist es viel lustiger!"
„Dein Ballett am Himmel war toll",
antwortet Elli. „Aber wir brauchen
die Früchte, um zaubern zu können."

Clara guckt Elli mit großen Augen an.
„Wieso breitet ihr nicht einfach eure
Flügel aus und fliegt?", meint Clara.
„Die Früchte sind doch alle da!"
„Ganz einfach: Weil wir keine Flügel
haben", antwortet Kiri.

„Ach du dickes Ei!", sagt Clara.
„Das wusste ich nicht …"
Sie überlegt. „Ihr braucht Flügel,
hmm, es gibt einen Weg."
„Hilfst du uns, Flügel zu bekommen?",
fragt Elli.

Clara nickt.

„So sicher, wie Kerne in
einem Apfel sind", sagt sie.
Sie pflückt eine Blume und
trabt zum Ufer des Flusses.
Mit der Blüte schöpft sie
ein wenig Wasser.
Dann läuft sie vorsichtig
zu den Zauberponys zurück.

„Trinkt dieses Wasser", sagt Clara.

„Es wird euch Flügel verleihen!"

Die Zauberponys stellen sich

Stirn an Stirn auf.

Sie nippen an der Blüte.

Sofort kitzelt es in ihren Nüstern.

HATSCHI! Es macht dreimal PLOPP!

Die Zauberponys schauen nach oben.
Sie haben nun goldene Flügel
auf dem Rücken.
„Du bist ein Schatz!", ruft Elli.
Vorsichtig bewegen die Zauberponys
ihre Flügel auf und ab.
Schon schweben sie über der Wiese.

Kiri probiert einen Purzelbaum.
Dabei schnappt sie sich eine Kirsche.
Auch Elli und Goldi hält nichts
mehr am Boden.
Wie zwei Raketen starten
sie in die Luft.

Elli fliegt einen eleganten Bogen.
Goldi macht wilde Sprünge.
Fröhlich essen sie sich an den
Erdbeeren, Kirschen und Äpfeln satt.
Sie sind so glücklich, dass sie lauter
Schmetterlinge zaubern.

Clara lacht.
Sie saust den Zauberponys nach.
„Kommt mit! Heute lade ich euch
in den Palast ein", ruft sie.
„Und morgen spielen wir
auf der Wiese!"

Sei mein Freund, kleines Pony

Auf zum Ponyhof

Lisa freut sich wie verrückt,
denn heute fährt sie zu ihrer
Tante Klara auf den Ponyhof.
Lisa liebt Ponys über alles.
In ihrem Zimmer hängen
viele Poster an der Wand.
Außerdem sammelt Lisa
Postkarten und liest am
liebsten Bücher über Ponys.

Und auf ihrer Bettdecke sind
natürlich auch lauter Ponys.
Lisa weiß sehr viel über Ponys,
aber auf einem gesessen hat
sie noch nie.
Doch das wird sich jetzt ändern.

Tante Klara will ihr nämlich
zeigen, wie man reitet.

Im Auto auf dem Weg zum
Ponyhof träumt Lisa vor sich hin.
Sie wird sich das schönste Pony vom
ganzen Ponyhof aussuchen.

Am liebsten hätte sie eins, das weiß
wie Schnee und wunderhübsch ist.
Ein Pony mit weicher Mähne und
langem Schweif.

Lisa stellt sich vor, wie sie sich auf
den Rücken des Ponys schwingt und
in den Sonnenuntergang reitet.

„Mama, du fährst wie eine Schnecke!",
sagt Lisa ungeduldig.
„Wir sind ja gleich da", sagt Mama und
biegt in einen schmalen Weg ein.
Rechts und links stehen Apfelbäume,
und dahinter liegt eine große Weide.

Und auf der Wiese stehen
lauter Ponys!
Kaum sind sie beim Ponyhof
angekommen, springt Lisa
auch schon aus dem Auto.

„Hallo, Lisa, willkommen auf dem
Ponyhof!", sagt Tante Klara.
„Danke, hier ist es toll", sagt Lisa.
„Darf ich gleich zu den Ponys?"
Tante Klara lacht. „Na klar!"
Lisa verabschiedet sich von
Mama.

Dann geht sie mit Tante Klara
zur Wiese mit den Ponys.
Lisa hüpft aufgeregt von
einem Fuß auf den anderen.
Sie kann es kaum erwarten.
Gleich wird sie auf einem
Pony sitzen!

So eine Enttäuschung!

„Das ist unser Dickie", sagt Tante Klara
und gibt dem braunen rundlichen Pony
eine Banane. „Auf ihm darfst du heute
reiten."
Lisa rümpft die Nase.
„Der ist aber dick!", platzt sie heraus.
Dickies braunes Fell
gefällt ihr auch nicht.
„Kann ich nicht ein
weißes Pony
kriegen?",
fragt sie.

„Leider habe ich kein weißes Pony",
sagt Tante Klara.
Lisa seufzt und versucht, auf Dickies
Rücken zu steigen. Aber das ist gar
nicht so einfach.

Als sie ein Bein hebt, macht Dickie
plötzlich einen Schritt nach hinten.
„He!", schimpft Lisa. „Was soll das,
du Clown?"

„Warte, ich helfe dir", sagt Tante Klara
und hebt Lisa auf Dickies Rücken.
„Huch, ist das hoch!", ruft Lisa.
Sie hält sich an Dickies Fell fest und
drückt ihre Beine gegen seinen Bauch.
Tante Klara führt das Pony am Halfter
über die Wiese.

Lisa rutscht auf Dickies Rücken
hin und her und krallt ihre Hände
noch fester in die Mähne.

„Wackelt der extra so?", fragt sie.
Tante Klara lacht. „Nein, das ist
ganz normal."
Aber das kann Lisa nicht glauben.
Das Pony will sie bestimmt ärgern!
Plötzlich schüttelt Dickie den Kopf.
Lisa rutscht von seinem Rücken
und landet im Gras.

„Aua!", ruft sie. „Du doofes Pony!"

„Hast du dir wehgetan?",
fragt Tante Klara besorgt.
Aber Lisa ist nichts passiert,
das Gras ist ganz weich.
Nur ihr Po tut ein bisschen weh.
„Willst du wieder aufsteigen?",
fragt Tante Klara.

Lisa schüttelt den Kopf.
„Ich geh ins Haus", sagt sie.
„Mir reicht's."
Das blöde Pony kann ihr
mal gestohlen bleiben!

Dickie ist weg

Lisa geht in die Küche und schaut
aus dem Fenster.
Tante Klara führt Dickie von der
Weide und bindet ihn am Balken fest.
Dann verschwindet sie im Stall.
„Doofes Pony", murmelt Lisa und
streckt Dickie die Zunge raus.
Aber was ist das?
Plötzlich ruckt Dickie mit dem Kopf,
und das Seil löst sich vom Balken.

Das Pony wiehert fröhlich und trabt
mit wehender Mähne den Weg
hinunter zum Wald.
„He, bleib hier!", ruft Lisa.
Aber das Pony kann sie natürlich
nicht hören.

Tante Klara ist immer noch im Stall.
„So ein Mist!", brummelt Lisa.
„Was soll ich denn jetzt machen?"
Eigentlich mag sie Dickie ja nicht
besonders. Aber sie will trotzdem nicht,
dass dem Pony etwas passiert.
Schnell schnappt sie sich eine
Banane vom Tisch.

Dann läuft sie aus dem Haus und
den Weg hinunter.
Als das Pony Lisa hinter sich hört,
legt es noch einen Zahn zu.
„Bleib stehen!", ruft Lisa und wedelt
mit der Banane.

Aber Dickie hält erst an, als der Weg
eine leichte Kurve macht.
„Du bist mir vielleicht ein Räuber",
keucht Lisa und geht langsam auf
das Pony zu.

Hoffentlich läuft es nicht gleich wieder weg!

Lisa schält die Banane, beißt einmal ab und hält sie Dickie hin.

„Bananen magst du doch", lockt sie.

Dickie nimmt die Banane von Lisas Hand.

„Du hast aber weiche Lippen",
sagt Lisa und schnappt sich
schnell das Halfter.

Dann streichelt sie Dickies Rücken.
Sein Fell fühlt sich ganz weich und
warm an.
Dickie dreht den Kopf und schnaubt
Lisa ins Gesicht.

„He, das kitzelt!", kichert Lisa.
„Du bist doch ein ganz liebes Pony.
Ich war vorhin wirklich eine dumme
Kuh. Morgen lernen wir dann richtig
reiten, okay?"
Dickie nickt begeistert. Lisa lacht und
führt ihn zurück zum Ponyhof.

Löse diese Rätsel!

1. **Wer reitet neben Flora?** Suche das richtige Wort im Buchstabengitter und kreise es ein.

P	R	E	L	L	A
O	N	K	L	E	R
M	A	R	K	O	L
G	U	T	A	N	T

Lösung aus „Timmys großer Sprung": Leon reitet neben Flora.

2. **Wodurch prescht Timmy wie ein Blitz? Durch die …** Bringe die Silben in die richtige Reihenfolge.

LA   SER   WAS   CHE

Lösung aus „Timmys großer Sprung": Er prescht durch die Wasserlache.

3. Gilbert benimmt sich komisch. Womit will Sara ihn herbeilocken? Mit einem … Kreise ein.

Lösung aus „Saras größter Wunsch": Selbst ein frischer Apfel kann Pony Gilbert nicht locken.

4. Was steht *nicht* auf Saras neuem Wochenplan? Kreuze an.

☐ Mathe   ☐ Stallhilfe   ☐ Reitstunde

☐ Tierarzt holen   ☐ Mit Lena spielen

Lösung aus „Saras größter Wunsch": Den Tierarzt zu holen.

5. Was passiert zuerst? Bringe die Bilder in die richtige Reihenfolge.

Lösung aus „Pferdeliebe": 1. Maike bekommt eine Reitstunde geschenkt. 2. Brutus schnuppert. 3. Schneewittchen dreht mit Maike die erste Runde.

6. **Worin ist sich Maike sicher?** Kreuze an.

☐ Sie mag keine Hunde!

☐ Sie hat etwas Angst vor Tieren.

☐ Sie liebt Pferde über alles!

Lösung aus „Pferdeliebe": Maike ist sich sicher, dass sie Pferde über alles liebt!

7. **Der erste Tag auf dem Ponyhof. Wie viele Ponys sehen Marie und Charlotta auf der Koppel?** Kreise die richtige Antwort ein.

Lösung aus „Maries Trick": Sie sehen drei Ponys.

8. **Verkehrt herum. Wer fragt Marie nach ihrem Trick? Die …** Kreuze an.

☐ NIDNUERFEDREFP
☐ NIRERHELTIER
☐ NITZRÄREIT

Lösung aus „Maries Trick": Die Reitlehrerin stellt die Frage.

9. **Wann werden Frida und Anna geweckt? Um …** Trage die fehlenden Buchstaben ein.

_ITTE_N_CH_

Lösung aus „Geteilte Freude": Sie werden um Mitternacht geweckt.

10. **Wer ist wer?** Verbinde die Bilder mit den richtigen Namen.

Mia   Sommerwind   Nina

Lösung aus „Was ist los mit Sommerwind?": Links steht Sommerwind, in der Mitte Nina und rechts Mia.

Quellenverzeichnis

Timmys großer Sprung
aus: Heike Wiechmann, **Leselöwen-Ponygeschichten**
mit Illustrationen von der Autorin
© Loewe Verlag GmbH, Bindlach 2017

Saras größter Wunsch
aus: Karen Christine Angermayer, **Leselöwen-Pferdegeschichten**
mit Illustrationen von Dominik Rupp
© Loewe Verlag GmbH, Bindlach 2018

Pferdeliebe, Geteilte Freude
aus: THiLO, **Lesetiger-Fohlengeschichten**
mit Illustrationen von Silke Voigt
© Loewe Verlag GmbH, Bindlach 2005

Maries Trick
aus: Katja Reider, **Kleine Lesetiger-Ponygeschichten**
mit Illustrationen von Ines Rarisch
© Loewe Verlag GmbH, Bindlach 2002, 2015

Was ist los mit Sommerwind?
aus: Bettina Göschl/Klaus-Peter Wolf, **Kleine Lesetiger-Ponyhofgeschichten**
mit Illustrationen von Antje Flad
© Loewe Verlag GmbH, Bindlach 2003

Bildermaus – Im Reich der Zauberponys
von: Ann-Katrin Heger
mit Illustrationen von Silke Voigt
© Loewe Verlag GmbH, Bindlach 2014

Bilderdrache – Sei mein Freund, kleines Pony
von: Maja von Vogel
mit Illustrationen von Dorothea Ackroyd
© Loewe Verlag GmbH, Bindlach 2006